Le monde des SMILEYS

1. MISE À JOUR

D'APRÈS L'UNIVERS CRÉE PAR NICOLAS LOUFRANI

SCÉNARISTES

Jean-Christophe Derrien et Céline Fournier

DESSIN

Régis Donsimoni

COULEUR

Gaétan Georges

soleil

Pour Charlotte, Antoine, Evan, Alice, Benjamin, Roméo, Alessandro, Méryl et Mael.

Céline et Jean-Christophe

Merci à Jean-Christophe, Nicolas et à l'équipe Soleil pour leur confiance.
Merci à Sylvie et Camille pour leur soutien.

Et un merci spécial à Steven pour son aide.

Régis

" L'aventure Smiley est née avec la campagne anti morosité " Prenez le temps de sourire " lancée par mon père Franklin Loufrani le 1er Janvier 1972, dans le quotidien France Soir.
En 1997, j'ai décidé de donner vie à son logo unique, en lui donnant de nombreuses émotions et en l'accessoirisant. Les premiers Smileys étaient nés... Avec plusieurs milliers de variations, ils ont remplacé les vieilles émoticones faites de ponctuation afin d'égayer et d'enrichir la communication sur les réseaux digitaux.
Cet album est né d'une rencontre avec Jean Wacquet, éditeur chez Soleil qui a cru à l'idée de transformer mes Smileys en personnages à part entière. Avatars de chaque être humain existant ou ayant existé, ils habitent dans nos réseaux informatiques. Grace au talent de Jean-Christophe Derrien, Céline Fournier, Régis Donsimoni et Gaétan Georges, les Smileys sont désormais plusieurs milliards et vivent des aventures passionnantes dans leurs multiples mondes digitaux qui sont le miroir de notre monde réel. "

Nicolas Loufrani

soleilprod.com

Éditeur : Jean Wacquet

Soleil
44, rue Baudin
83000 Toulon – France

Soleil Paris
8, rue Léon Jouhaux
75010 Paris – France

Conception et réalisation graphique : Studio Soleil

Dépôt légal : Octobre 2018 - ISBN : 978-2-302-07145-2
Première édition

Achevé d'imprimer en septembre 2018
sur les presses de l'imprimerie PPO à Palaiseau, France.

HEY LES GARS, VOUS DEVRIEZ PENSER À INSTALLER LA CLIM' ! J'AURAIS VRAIMENT DÛ APPORTER MES LUNETTES DE SOLEIL !
VOUS POUVEZ DIRE À PHARELL QUE JE SUIS LÀ ? JE DOIS LUI PARLER AU PLUS VITE !
TU VEUX DIRE LE ROI DES ÉGYPTES, LE FILS DE RÊ ? ET POURQUOI VOUDRAIT-IL PERDRE SON PRÉCIEUX TEMPS AVEC TOI ?
J'AI QUELQUES QUESTIONS À LUI POSER, CE NE SERA PAS LONG...
PROMIS, JURÉ, CRACHÉ.

JEUNE ÉTRANGER, CONNAIS-TU LES USAGES DE LA COUR ?
PAS DU TOUT ! JE DÉCOUVRE ! MAIS JE PRENDS DES NOTES !
IL TE SERA PARDONNÉ TON IGNORANCE, MAIS PAS TON ÉVENTUELLE INSOLENCE.
TU VIENS DE LOIN, JE SUPPOSE ?
DE LA BANLIEUE, APRÈS LE PÉRIPHÉRIQUE.
OH, MON ROI ! MERCI DE CONSACRER UN COURT MOMENT À CE MORTEL...
NICOLAS, IL S'APPELLE, LE MORTEL ...
NICOLAS.
JE T'ÉCOUTE, MON ENFANT.
J'AI JUSTE QUELQUES TRUCS À TE DEMANDER, RIEN DE FOU.
C'EST QUOI, TON PETIT NOM, AU FAIT ?
RAMSÈS. RAMSÈS II. MAIS TU PEUX AUSSI M'APPELER OZYMANDIAS.

OK, OZZY. ES-TU UN DIEU ? UN DEMI-DIEU ? UN QUART DE DIEU ?
TOUT DÉPEND SI ON CROIT EN MOI.
C'EST UN POSTICHE, TA BARBE ? ELLE A L'AIR SUPER FAUSSE.
JE NE LA PORTE QUE POUR LES CÉRÉMONIES OFFICIELLES...
SNAP
... MAIS NOUS SOMMES ENTRE NOUS, N'EST-CE PAS ?
ET TU FAIS COMMENT POUR DORMIR LA NUIT ? AVEC CETTE CHALEUR ?
JE SUIS BIEN ENTOURÉ, ON S'OCCUPE BIEN DE MOI.
MARCHONS UN PEU ENSEMBLE, TU M'AMUSES...
ÇA T'ARRIVE DE PARTIR AUX SPORTS D'HIVER ?

AH OUAIS, C'EST TROP CLASSE COMME VUE !
LÀ OÙ J'HABITE, J'AI UN IMMEUBLE TOUT MOCHE EN FACE !
ZUT... JE VAIS ÊTRE EN RETARD !
ON SE REVOIT BIENTÔT, OZZY, ÇA TE DIT ?
ÇA ME DIT, NICOLAS.
À PLUS !
QUELLE ÉTRANGE RENCONTRE ...

LOGIQUEMENT...
... JE SUIS DE RETOUR.
BINGO !
VÉRIFIONS, ON NE SAIT JAMAIS.
PFFFFFFF...
DÉFENSE D'ENTRER
SURTOUT TOI NICOLAS
JE RÊVE OU QUOI ? TU TRAVAILLES ? TU TRAVAILLES VRAIMENT ?

TOUT À FAIT.
ET TU ME DÉRANGES.
MAMAN M'A DIT DE TE FLIQUER POUR QUE TU TRAVAILLES TON EXPOSÉ SUR...
... LE PHARAON ? JE GÈRE, C'EST BIENTÔT TERMINÉ.
SI JE TE POSE DES QUESTIONS SUR LE SUJET, TU SERAIS CAPABLE DE ME RÉPONDRE ?
BEN, VAS-Y.
T'AS DE LA CHANCE, C'EST PAS MA MATIÈRE PRÉFÉRÉE, L'HISTOIRE...
TU DEVRAIS ESSAYER, ON APPREND PLEIN DE TRUCS.
ON VERRA BIEN TA NOTE DEMAIN MATIN.
EH BIEN, NICOLAS, TU AS BIEN ÉTUDIÉ TON SUJET. J'EN SUIS RAVIE.
École A.Toriyama

TU N'AS PAS FAIT QUE RECOPIER LA PAGE WIKIPÉDIA, C'EST BIEN.
JE SUIS ALLÉ AU FOND DU SUJET, VOUS POUVEZ LE DIRE.
EN PLUS, RAMSES TWO EST VRAIMENT SUPER SYMPA. JE VOUS LE PRÉSENTE QUAND VOUS VOULEZ.
MAIS CERTAINEMENT, À L'OCCASION ...
JE VOUS RAPPELLE QUE, DEMAIN, LE CONTRÔLE PORTERA SUR L'AGRICULTURE. RÉVISEZ-BIEN...
OH, ÇA OUI...
FÉLICITATIONS, NICOLAS. UN A+, ÇA CHANGE DES D- HABITUELS...
J'AI DÉCIDÉ DE PENSER À MON AVENIR.
TROP LOL.
SI TU AS TROUVÉ UN MOYEN DE BIEN TRAVAILLER, TANT MIEUX. ON EST TOUS FIERS DE TOI.

MÊME PAPA ?
SURTOUT PAPA.
OUILLE ! C'EST TROP CHAUD.
À CHAQUE REPAS, C'EST LA MÊME CHOSE ! TU N'APPRENDS JAMAIS DE TES ERREURS ?
J'AI FAIM, JE MANGE. C'EST PAS COMPLIQUÉ À COMPRENDRE, SŒURETTE !
TU NE MANGES PAS, TU BÂFRES !
LES ENFANTS, ON SE CALME ! VOUS AVEZ DE LA CHANCE D'ÊTRE FRÈRE ET SŒUR !
DE LA CHANCE ? QUELLE CHANCE ?
ÇA, ON EST BIEN D'ACCORD...
AH, SI VOTRE PÈRE ÉTAIT LÀ...
BEN, JUSTEMENT, IL N'EST JAMAIS LÀ. IL SE RAPPELLE UN PEU DE NOUS, TU CROIS ?
IL EST TRÈS OCCUPÉ SUR SON NOUVEAU LOGICIEL, MAIS IL M'A DIT T'AVOIR ENVOYÉ UN PETIT MESSAGE PAR E-MAIL.
OUI, J'AI VU. IL AURAIT PU M'APPELER, QUAND MÊME.

ENCORE CINQ MINUTES ET APRÈS, EXTINCTION DES FEUX, NICOLAS SEDENO.
JE SAIS BIEN QUE TU AURAIS VOULU QUE PAPA SOIT LÀ, MAIS IL A PROMIS QU'IL SERAIT BIENTÔT DE RETOUR.
J'ESPÈRE...
TU SAIS, IL T'AIME À SA MANIÈRE.
OUI, OUI. TU M'ÉTOUFFES, MAMAN.
SURTOUT, NE TOUCHE PAS À SON ORDI DANS LE BUREAU, IL M'A DIT QU'IL ÉTAIT TRÈS INSTABLE.
PROMIS, JURÉ, CRACHÉ.
ARGH... LE CONTRÔLE DE GÉO...

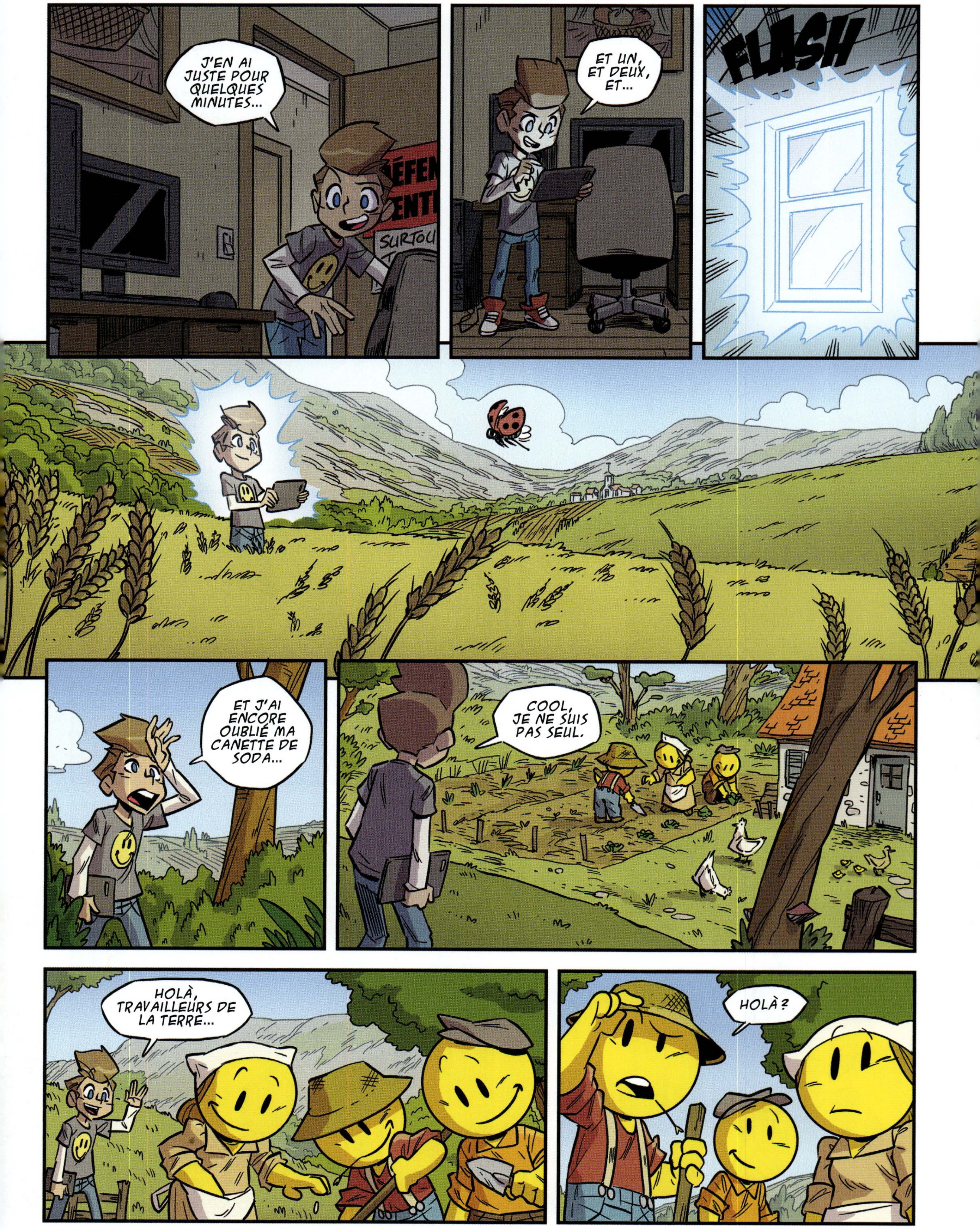
J'EN AI JUSTE POUR QUELQUES MINUTES...
ET UN, ET DEUX, ET...
FLASH
ET J'AI ENCORE OUBLIÉ MA CANETTE DE SODA...
COOL, JE NE SUIS PAS SEUL.
HOLÀ, TRAVAILLEURS DE LA TERRE...
HOLÀ ?

J'AI QUELQUES QUESTIONS À VOUS POSER, CE NE SERA PAS LONG.
NOUS SOMMES BIEN PRÈS D'UN CHAMP DE BLÉ, N'EST-CE PAS ? ET LE BLÉ, C'EST L'INGRÉDIENT PRINCIPAL POUR LE POP-CORN ?
EH BIEN, PAS DU TOUT, C'EST LE MAÏS. ÉTONNANT, NON ?
CERTES, MAIS L'INTERROGATION DEVAIT SE DÉROULER DANS LA SALLE DE CLASSE, PAS DANS LA COUR...
ÇA DÉPEND SI VOUS VOULEZ DES BONNES TOMATES OU PAS...
BIEN SÛR, ON NE VA PAS LES DÉGUSTER TOUT DE SUITE, MAIS LES DÉLICES DU JARDINIER, ÇA SE MÉRITE !
CERTES.
OU BIEN PRÉFÉREZ-VOUS LA "ROSE DE BERNE" ?
JE RÊVE !

TRÈS IMPORTANT : IL NE FAUT PAS POSER LE PLANT DE TOMATE VERTICALEMENT...
... MAIS BIEN LE COUCHER DE FAÇON À CE QUE LA TIGE REPOSE SUR LE CÔTÉ DU TROU...
... QUI A UNE LÉGÈRE PENTE.
TU VEUX ESSAYER, SŒURETTE ?
BEN, VAS-Y... POSE-LA, TA QUESTION...
C'EST QUOI, CETTE NOUVELLE PASSION ?
OH, LE JARDINAGE ! C'EST TELLEMENT MIEUX DE DÉGUSTER DES LÉGUMES QU'ON CULTIVE, NON ?
LA TOMATE, C'EST UN FRUIT.

AH ? OUI, PEUT-ÊTRE. CE N'EST PAS TRÈS GRAVE.
ILS NE L'ONT PAS INDIQUÉ DANS TON TUTO VIDÉO ?
SI TU AS BESOIN D'AIDE POUR TES DEVOIRS, DEMANDE-MOI !
JE RÊVE !
BIT COINS
IL M'ÉNERVE, IL M'ÉNERVE...
JE SUIS SÛRE QU'IL NOUS CACHE QUELQUE CHOSE...
TCHAC!
TOC TOC
OUI ?

SALUT.
SALUT.
DEMAIN, J'AI UN EXPOSÉ SUR LE JAPON MÉDIÉVAL ET JE ME DISAIS QUE TU POURRAIS M'AIDER ?
JE CROIS QUE LA BIBLIOTHÈQUE DU QUARTIER EST ENCORE OUVERTE...
OUI, MAIS TU CONNAIS SÛREMENT UN AUTRE MOYEN, PLUS SIMPLE, NON ?
ÇA DÉPEND COMBIEN TU PROPOSES.
COMBIEN ? MAIS ON EST FRÈRE ET SŒUR...
JUSTEMENT. SI TU DÉBARRASSES LE LAVE-VAISSELLE QUINZE JOURS À MA PLACE ...
SEPT JOURS.
DIX.
... D'ACCORD.
PTT
TOPE LÀ.
ON N'EST PAS OBLIGÉS, HEIN ?
OH QUE SI.

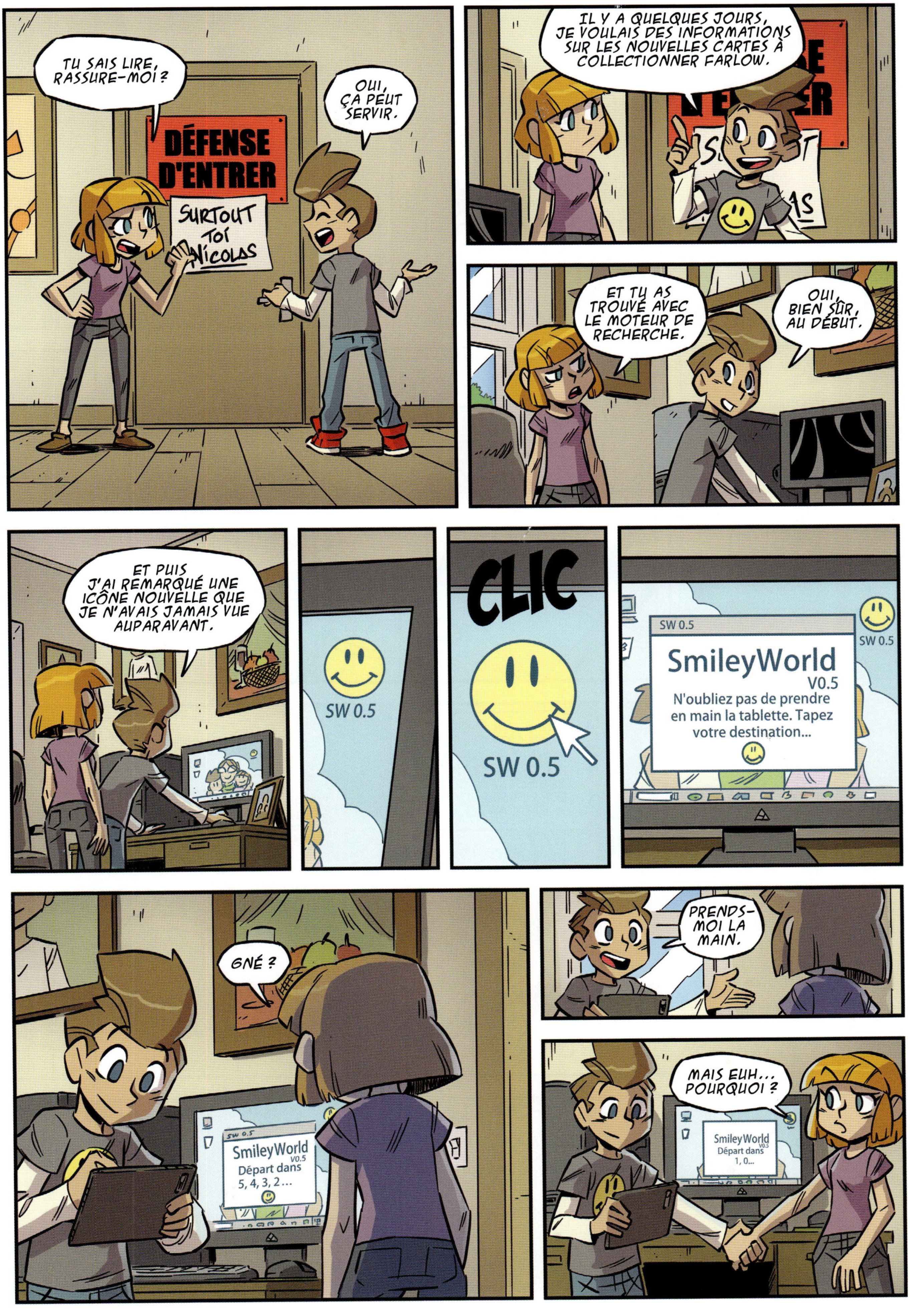
TU SAIS LIRE, RASSURE-MOI ?
OUI, ÇA PEUT SERVIR.
DÉFENSE D'ENTRER
SURTOUT TOI NICOLAS
IL Y A QUELQUES JOURS, JE VOULAIS DES INFORMATIONS SUR LES NOUVELLES CARTES À COLLECTIONNER FARLOW.
ET TU AS TROUVÉ AVEC LE MOTEUR DE RECHERCHE.
OUI, BIEN SÛR, AU DÉBUT.
ET PUIS J'AI REMARQUÉ UNE ICÔNE NOUVELLE QUE JE N'AVAIS JAMAIS VUE AUPARAVANT.
SW 0.5
CLIC
SW 0.5
SW 0.5
SW 0.5
SmileyWorld V0.5
N'oubliez pas de prendre en main la tablette. Tapez votre destination...
GNÉ ?
SW 0.5
SmileyWorld V0.5
Départ dans 5, 4, 3, 2...
PRENDS-MOI LA MAIN.
MAIS EUH... POURQUOI ?
SmileyWorld V0.5
Départ dans 1, 0...

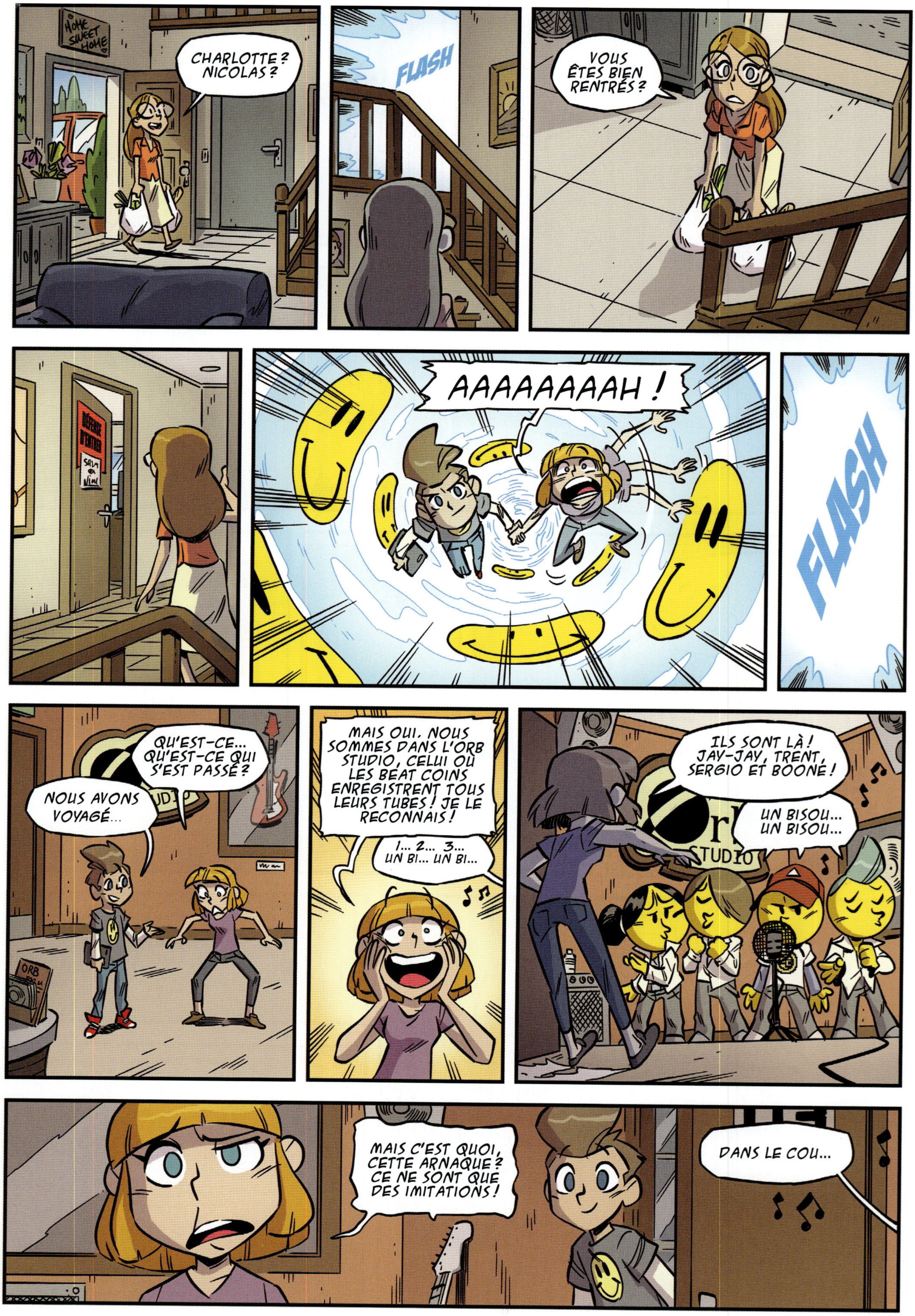
HOME SWEET HOME
CHARLOTTE ? NICOLAS ?
FLASH
VOUS ÊTES BIEN RENTRÉS ?
AAAAAAAAH !
FLASH
QU'EST-CE... QU'EST-CE QUI S'EST PASSÉ ?
NOUS AVONS VOYAGÉ...
MAIS OUI. NOUS SOMMES DANS L'ORB STUDIO, CELUI OÙ LES BEAT COINS ENREGISTRENT TOUS LEURS TUBES ! JE LE RECONNAIS !
1... 2... 3... UN BI... UN BI...
ILS SONT LÀ ! JAY-JAY, TRENT, SERGIO ET BOONE !
UN BISOU... UN BISOU...
MAIS C'EST QUOI, CETTE ARNAQUE ? CE NE SONT QUE DES IMITATIONS !
DANS LE COU...

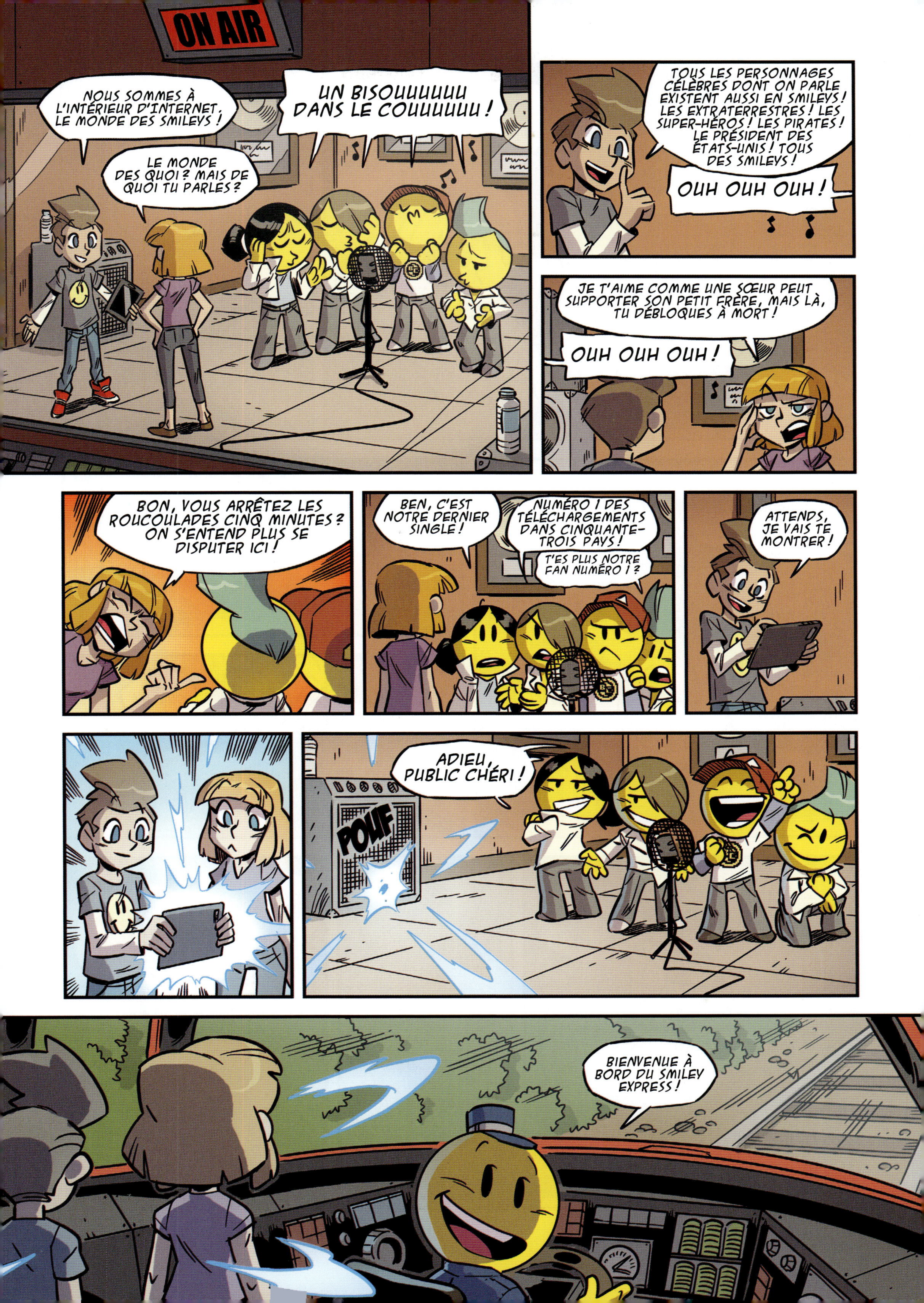
ON AIR
NOUS SOMMES À L'INTÉRIEUR D'INTERNET, LE MONDE DES SMILEYS !
UN BISOUUUUUU DANS LE COUUUUUU !
LE MONDE DES QUOI ? MAIS DE QUOI TU PARLES ?
TOUS LES PERSONNAGES CÉLÈBRES DONT ON PARLE EXISTENT AUSSI EN SMILEYS ! LES EXTRATERRESTRES ! LES SUPER-HÉROS ! LES PIRATES ! LE PRÉSIDENT DES ÉTATS-UNIS ! TOUS DES SMILEYS !
OUH OUH OUH !
JE T'AIME COMME UNE SŒUR PEUT SUPPORTER SON PETIT FRÈRE, MAIS LÀ, TU DÉBLOQUES À MORT !
OUH OUH OUH !
BON, VOUS ARRÊTEZ LES ROUCOULADES CINQ MINUTES ? ON S'ENTEND PLUS SE DISPUTER ICI !
BEN, C'EST NOTRE DERNIER SINGLE !
NUMÉRO 1 DES TÉLÉCHARGEMENTS DANS CINQUANTE-TROIS PAYS !
T'ES PLUS NOTRE FAN NUMÉRO 1 ?
ATTENDS, JE VAIS TE MONTRER !
ADIEU, PUBLIC CHÉRI !
POUF
BIENVENUE À BORD DU SMILEY EXPRESS !

ON AURAIT PU RESTER PLUS LONGTEMPS AVEC LES BEAT COINS...
T'ES JAMAIS CONTENTE, JE CROYAIS QU'ILS T'AGAÇAIENT...
MAIS NON, C'EST LA SITUATION QUI M'AGACE ! LE MONDE DES SMILEYS, ÇA N'EXISTE PAS !
C'EST TOI QUI LE DIS !
C'EST UNE SORTE DE RÉALITÉ VIRTUELLE. ÇA N'A PAS L'AIR TRÈS RÉALISTE.
ET SI ON ACCÉLÉRAIT UN PEU, MONSIEUR LE CONDUCTEUR ?
C'EST PARTI !
WOOOSH
MAIS OUILLE !
TON BLEU NE SERA PAS VIRTUEL, ÇA C'EST SÛR !
MAIS POURQUOI DES SMILEYS ? ÇA N'A PAS DE SENS !
POURQUOI PAS ? ILS SONT GÉNÉRALEMENT TRÈS SYMPAS ET ACCUEILLANTS. TU VERRAS...

SKATE PARK
SKATE PARK, DEUX MINUTES D'ARRÊT. CORRESPONDANCE POUR ÉLYSÉE, LONDRES VICTORIEN, VEGAN TOWN...
C'EST COMME INTERNET, Y A TOUT ET N'IMPORTE QUOI !
FORCÉMENT, PUISQUE C'EST INTERNET ! INTERNET 3.0... AU MOINS !
WAOUH ! IL EST DOUÉ !
OUI, BEN NORMAL QU'IL SOIT DOUÉ, S'IL PASSE SES JOURNÉES À ÇA !
YO !
CHANMÉ !

Mise à jour en cours...
Mise à jour en cours...
Redémarrage ...
DONG
C'EST QUOI, CE TRUC ?
AUCUNE IDÉE, ÇA NE M'EST JAMAIS ARRIVÉ AUPARAVANT.
SKATE SHO
BON, ON RENTRE CHEZ NOUS ?
DEUX SECONDES, ON VIENT JUSTE D'ARRIVER...

HEY ! MAIS FAIS ATTENTION ! IL EST MALADE, CE MEC !
OUI, JE TE CONFIRME, IL A L'AIR BIEN MALADE !
FAIS QUELQUE CHOSE !
UNE PETITE NANOSECONDE ET NOUS SERONS DE RETOUR À LA MAISON...
... SAUF QUE NON. PROBLÈME DE RÉSEAU...
JE LE SAVAIS ! JE LE SAVAIS QUE C'ÉTAIT TROP BEAU, TON TRUC TECHNOBIDON !
SKATE SHOP
ATTENDS ! JE TENTE AUTRE CHOSE...

TU N'AS LE DROIT QU'À UN SEUL ESSAI !
C'EST PARTI !
BAM
GRRRRRR...
TRIIIIIII

C'EST PAS DU JEU SI TU AMÈNES TES COPAINS...
TON ARMURE, LÀ... ELLE VA TENIR LE COUP, AU MOINS ?
PAS SÛR. DU COUP, J'IMPROVISE !
C'EST ÇA QUI ME FAIT PEUR...
C'EST QUOI, CE MACHIN ?
NOTRE PORTE DE SORTIE !
ET TU SAIS PILOTER ÇA ?
NON, MAIS BOBA FETT ET JAMES BOND EN ONT UN, ALORS POURQUOI PAS MOI ?

SMILE
C'EST SUPER, CE BAPTÊME VOLANT, VRAIMENT... ON FAIT QUOI MAINTENANT ?
ON ESSAIE DE COMPRENDRE CE QUI NOUS ARRIVE.
J'AURAIS TRÈS BIEN PU REGARDER UNE SÉRIE AU LIEU D'ÊTRE ICI... MAIS NON, IL A FALLU QUE JE TE FASSE CONFIANCE.
TIENS, JE N'AVAIS JAMAIS VU ÇA AUPARAVANT.
TU NOUS EMMÈNES OÙ ?
LÀ OÙ TU RÂLERAS MOINS ?
MAIS SI J'ARRÊTE DE RÂLER, JE MEURS !
JE TE METS 11/20 POUR LE DÉCOLLAGE. FAIS MIEUX POUR L'ATTERRISSAGE.
J'AI PAS LE CHOIX, SINON C'EST LE CRASH.
CONCENTRE-TOI, C'EST UN ORDRE !
OUILLE !

9/20, PAS TERRIBLE...
PARDON, SŒURETTE.
JE CROYAIS QUE LES SMILEYS ÉTAIENT SYMPAS.
LOGIQUEMENT, OUI. JE NE COMPRENDS PAS CE QUI LEUR A PRIS.
PEUT-ÊTRE QUE TOUS LES SKATERS ONT UN MAUVAIS FOND... C'EST QUOI, LA SUITE DU PROGRAMME ?
SURPRISE.
JE PEUX VOUS AIDER ?
?
SI TU NOUS ATTAQUES, TU SOURIRAS MOINS.
JE PEUX VOUS AIDER ?
?

OUI, TU PEUX NOUS AIDER.
PARFAIT ! JE M'APPELLE Q/R ET JE RÉPONDS AUX QUESTIONS QUE VOUS VOULEZ BIEN ME POSER. MES CONNAISSANCES SONT UNIVERSELLES MAIS NON EXHAUSTIVES.
C'EST SÛREMENT COMME UN GÉNIE. ON VA AVOIR LE DROIT À TROIS ESSAIS ET APRÈS, ON SE DÉBROUILLE, C'EST ÇA ?
PAS DU TOUT. TANT QUE VOUS AVEZ DES INTERROGATIONS, JE PEUX ESSAYER DE LES RÉSOUDRE.
SI ON A DES CHOSES À SE DIRE, AUTANT QUE CE SOIT AUTOUR D'UN...
J'AVOUE, C'ÉTAIT UNE BONNE IDÉE, NICO. J'AURAIS MÊME PU L'AVOIR.
BON, ALORS Q/R... POURQUOI CE SKATER NOUS A-T-IL ATTAQUÉS ?
IL A ÉTÉ INFECTÉ.
INFECTÉ ? MAIS PAR QUOI ?
SOURCE INCONNUE.
NOUS NE POUVONS VISIBLEMENT PAS QUITTER LE SMILEYWORLD. POURQUOI DONC ?
À CAUSE DE LA NOUVELLE MISE À JOUR.

LA MISE À JOUR ?
LE DONG ! QUE TOUT LE MONDE A ENTENDU IL Y A SOIXANTE-SEPT MINUTES.
MAIS OUI, LE DONG !
LE DONG ?
TU NE TE SOUVIENS PAS ? AU SKATE PARK !
MAIS QUI A LANCÉ UNE MAJ ? LE LOGICIEL EST EN BÊTA.
... JE NE SAIS PAS.
DEPUIS QUAND UNE MISE À JOUR PROPAGE UN VIRUS ?
C'EST UNE QUESTION ?
NON, NON, JUSTE UNE INTERROGATION.
MAIS IL Y A SÛREMENT UNE SOLUTION POUR REVENIR CHEZ NOUS, NON ?
TCHAC
SÛREMENT. MAIS JE NE LA CONNAIS PAS.
TCHAC
TCHAC
TCHAC
TCHAC
TCHAC
MAMAN !

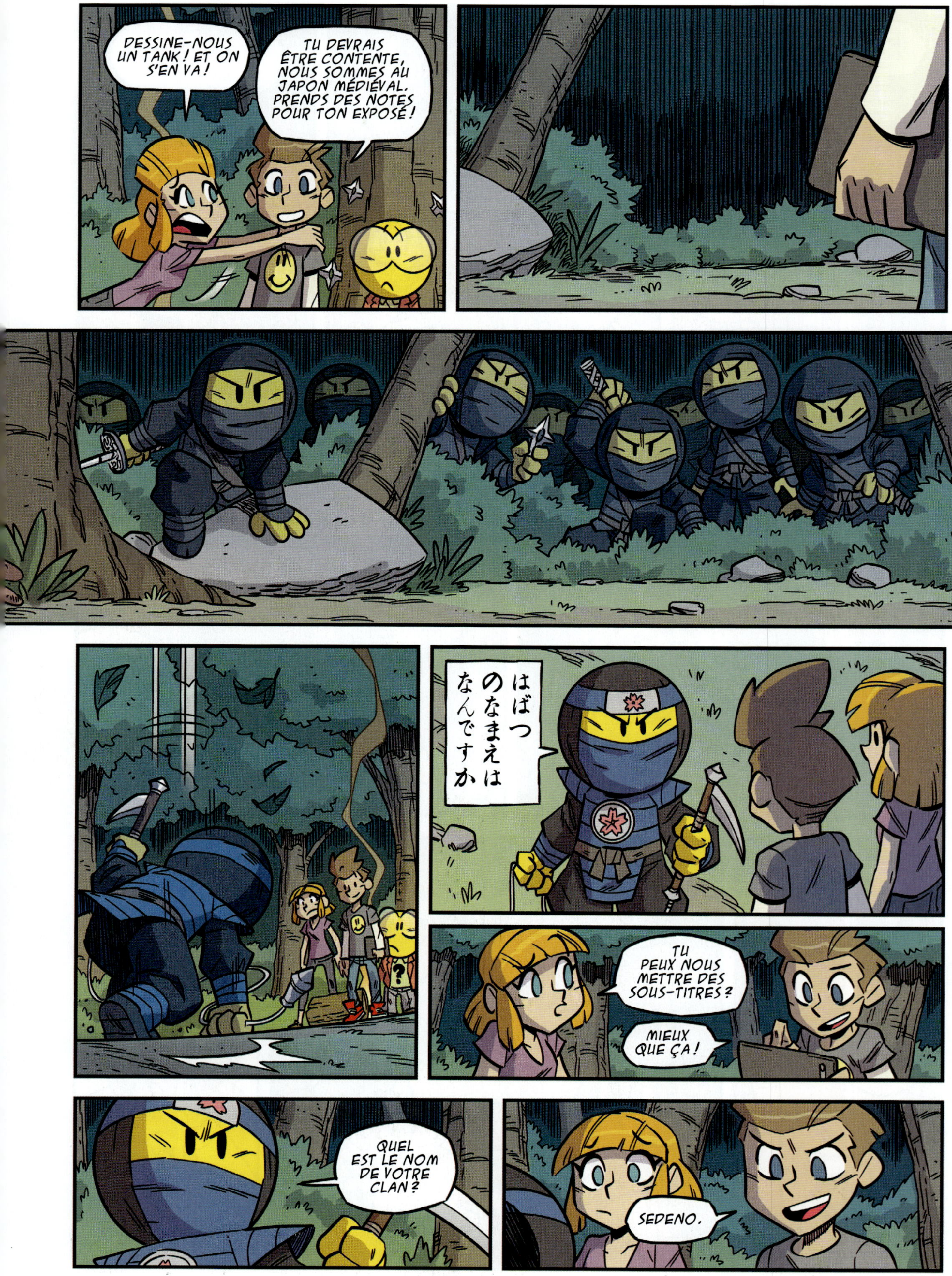
DESSINE-NOUS UN TANK ! ET ON S'EN VA !
TU DEVRAIS ÊTRE CONTENTE, NOUS SOMMES AU JAPON MÉDIÉVAL. PRENDS DES NOTES POUR TON EXPOSÉ !
ははのなまえはなんですか
ばつ
TU PEUX NOUS METTRE DES SOUS-TITRES ?
MIEUX QUE ÇA !
QUEL EST LE NOM DE VOTRE CLAN ?
SEDENO.

JAMAIS ENTENDU PARLER. SERIEZ-VOUS DES ESPIONS ?
JE PEUX RÉPONDRE ? JE PEUX RÉPONDRE ?
VAS-Y.
JE NE PEUX LE FAIRE QUE SI ON ME POSE UNE QUESTION.
SONT-ILS...
SOMMES-NOUS...
... DES ESPIONS ?
PAS DU TOUT. CE SONT DES HUMAINS TOUT CE QU'IL Y A DE PLUS ORDINAIRE.
NOUS SOMMES UN PEU PERDUS, À VRAI DIRE.
MERCI DU COMPLIMENT.
TANT PIS POUR VOUS. EN ATTENDANT...
... VOUS ÊTES NOS PRISONNIERS.

KIDNAPPÉS PAR DES NINJAS ! QUAND TU VAS RACONTER ÇA À TES COPINES ...
TU PLAISANTES ? JE TIENS TROP À MA RÉPUTATION !
ÇA MANGE QUOI, DES NINJAS ? DES BOULETTES DE RIZ, SANS DOUTE...
TU AS ENCORE FAIM ? MAIS ON VIENT DE S'ENFILER DES MARSHMALLOWS !
ILS NE SONT PAS DU MÊME CLAN DE CEUX QUI NOUS ONT ATTAQUÉS PRÉCÉDEMMENT.
MAIS ÉVIDEMMENT ! VOUS NOUS LIBÉREZ ET ON S'EN VA LE PLUS LOIN POSSIBLE, PROMIS JURÉ...
... ET LA SUITE ?
TU M'AS DÉJÀ VU CRACHER ?
ILS NE SEMBLENT PAS BIEN MÉCHANTS. QU'ON LES TRAITE COMME DES INVITÉS !
SI VOUS AVEZ CAPTURÉ D'AUTRES NINJAS RÉCEMMENT, J'AIMERAIS LEUR PARLER SI POSSIBLE.
TU PEUX UN PEU TE MÊLER DE CE QUI TE REGARDE, POUR UNE FOIS ?
ON VA PEUT-ÊTRE COMPRENDRE CE QUI NOUS ARRIVE.

EN MA PRÉSENCE UNIQUEMENT.
SI ON SAISIT CE QUI SE PASSE ET QU'ON MEURT QUAND MÊME, C'EST QUOI L'INTÉRÊT ?
CHIENS, MAINTENANT VOUS ALLEZ PARLER !
NOUS N'ATTENDONS QUE CELA !
ÇA RECOMMENCE...
JE M'EN DOUTAIS...
IL VOUS ARRIVE QUOI, LES GARS ?
NOUS ALLONS TRÈS BIEN, MERCI.
NOUS SOMMES JUSTE LÀ POUR VOUS ABSORBER. ET SI VOUS VOUS Y OPPOSEZ, NOUS VOUS ÉLIMINERONS, TOUT SIMPLEMENT.
J'ADMIRE VOTRE COURAGE ET VOTRE FRANCHISE, MAIS VOTRE CHEMIN S'ARRÊTE ICI.
PAS SI SÛR...

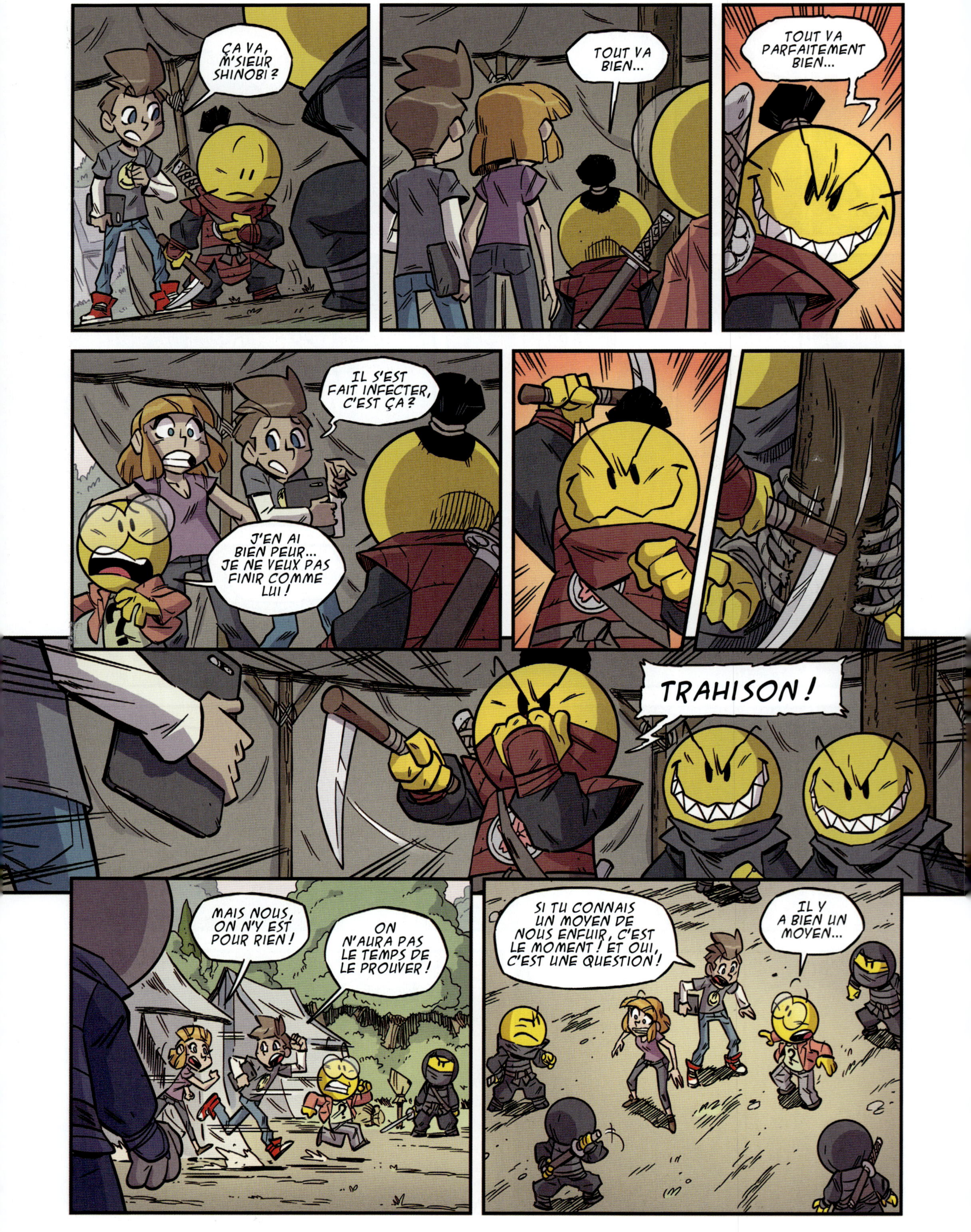
ÇA VA, M'SIEUR SHINOBI ?
TOUT VA BIEN...
TOUT VA PARFAITEMENT BIEN...
IL S'EST FAIT INFECTER, C'EST ÇA ?
J'EN AI BIEN PEUR... JE NE VEUX PAS FINIR COMME LUI !
TRAHISON !
MAIS NOUS, ON N'Y EST POUR RIEN !
ON N'AURA PAS LE TEMPS DE LE PROUVER !
SI TU CONNAIS UN MOYEN DE NOUS ENFUIR, C'EST LE MOMENT ! ET OUI, C'EST UNE QUESTION !
IL Y A BIEN UN MOYEN...

SUIVEZ-MOI !
ILS ONT LIBÉRÉ NOS PRISONNIERS ! JE VEUX LEURS TÊTES !
JE PEUX MÊME PLUS ME PLAINDRE, JE SUIS TROP CREVÉE !
ENCORE UN EFFORT !
ET VOILÀ !

EUH... NON MERCI...
MOURIR NOYÉE OU EMBROCHÉE... JE NE VEUX PAS CHOISIR !
TU ES SÛR QUE C'EST LA SEULE SOLUTION ?
C'EST LA SEULE QUI AIT UN POURCENTAGE DE RÉUSSITE POSITIF.
INFECTÉS OU PAS, ILS VEULENT TOUS NOTRE PEAU.
HEUREUSEMENT, JE L'AI TOUJOURS !
ON N'EST JAMAIS TROP PRUDENTS.
OUI !

NE PAS REGARDER EN BAS, NE PAS REGARDER EN BAS...
TOUT LE MONDE EST PRÊT ?
NOOOOOOOOON !
FLAP
OUIIIIIIIIIIIIIIIIIII !
NOOOOOOOOOON !
PLOUF

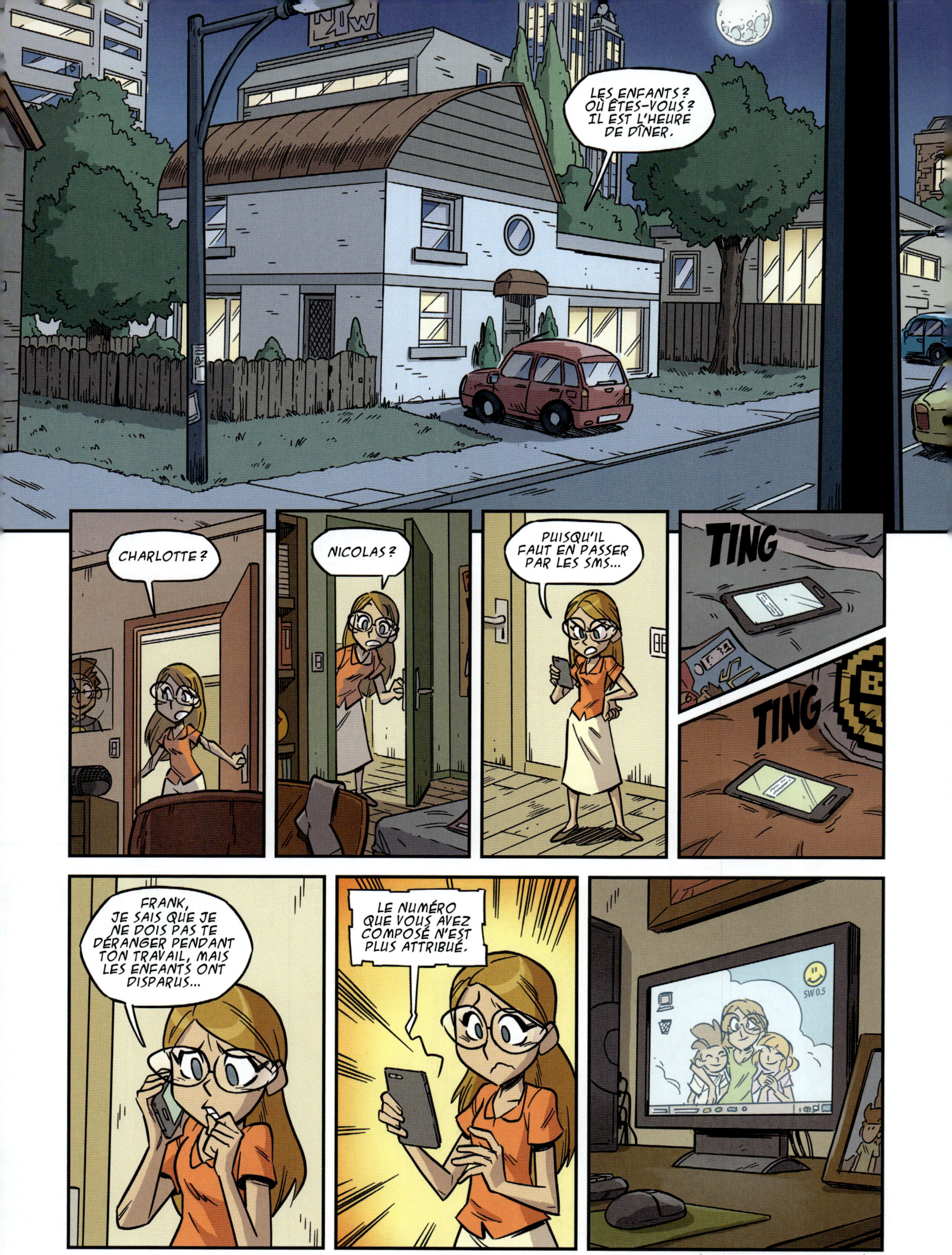

PROCHAIN ÉPISODE : LES INFECTÉS.

ma Vie en SMILEY
Découvre vite les aventures délirantes de Max !
ma Vie en SMILEY
TOUT.VA.BIEN.
ANNE KALICKY
ma Vie en SMILEY
J'ASSURE !
(ou presque...)
ANNE KALICKY
ma Vie en SMILEY
AU SECOURS !
(ou pas...)
ANNE KALICKY
ma Vie en SMILEY
AU MAX !
(enfin pas loin)
ANNE KALICKY
MAX NE RÊVE QUE D'UNE CHOSE :
laisser une trace de son passage dans l'Histoire et devenir le héros de son époque !
Bon, pour l'instant, il ne rentre qu'en sixième...
Mais entre Naïs, qu'il aime en secret, Raoul, son pire ennemi, et les mystérieux messages secrets qu'il reçoit, cette année risque de ne pas être de tout repos !
ma Vie en SMILEY
TOUT ROULE !
(plus ou moins...)
ANNE KALICKY
DEJÀ DISPONIBLES DANS TOUTES LES LIBRAIRIES.
TOME 5 À PARAÎTRE LE 11 OCTOBRE !
LES LIVRES DU DRAGON D'OR
SMILEY World